Design 79454
Tischdecke/Tablecloth
Nappe/Mantel/Tovag-
lia/Dekservet/Asztalterítő
90 × 90 cm/35 × 35 in

Seite 46/Page 46/Page 46
Página 46/Pagina 46
Pagina 46/Oldal 46

Design 79454
Tischband / Table band
Ruban de table / Cinta de mesa / Nastro di tavolo
Tafelband / Hosszú napron
29 × 155 cm / 11 × 61 in

Seite 44 / Page 44
Page 44 / Página 44
Pagina 44 / Pagina 44
Oldal 44

Design 79471
Schleife / Bow / Nœud
Lazo / Fiocco / Strik / Masni
10 × 152 cm / 4 × 60 in

Seite 42–45 / Page 42–45
Page 42–45 / Página 42–45
Pagina 42–45 / Pagina 42–45
Oldal 42–45

Design 79474
Anhänger aus Holz
Wooden pendant
Pendentif en bois
Colgante decorativo
de madera
Decarozaione in legno
da appendere
Houten (sleutel-)hanger
Felakasztható dísz fából
Ø 7 cm/Ø 2,8 in

Design 79473
Anhänger aus Holz
Wooden pendant
Pendentif en bois
Colgante decorativo
de madera
Decarozaione in legno
da appendere
Houten (sleutel-)hanger
Felakasztható dísz fából
6 × 8 cm/2,4 × 3,2 in

Seite 28/Page 28
Page 28/Página 28
Pagina 28/Pagina 28
Oldal 28

Design 79457
Tischband / Table band
Ruban de table / Cinta de mesa / Nastro di tavolo
Tafelband / Hosszú napron
29 × 155 cm / 11 × 61 in

Seite 36 / Page 36
Page 36 / Página 36
Pagina 36 / Pagina 36
Oldal 36

Design 79457
Tischdecke/Tablecloth
Nappe/Mantel/Tovag-
lia/Dekservet/Asztalterítő
90 × 90 cm/35 × 35 in

Seite 38/Page 38/Page 38
Página 38/Pagina 38
Pagina 38/Oldal 38

Design 79456
Tischdecke / Tablecloth
Nappe / Mantel / Tovaglia / Dekservet / Asztalterítő
90 × 90 cm / 35 × 35 in

Seite 48 / Page 48 / Page 48
Página 48 / Pagina 48
Pagina 48 / Oldal 48

Design 79455
Tischband / Table band
Ruban de table / Cinta de mesa / Nastro di tavolo
Tafelband / Hosszú napron
29 × 155 cm / 11 × 61 in

Seite 34 / Page 34
Page 34 / Página 34
Pagina 34 / Pagina 34
Oldal 34

Design 79460
Deckchen mit Spitze
Tablecloth with lace
Napperon en dentelle
Mantel con encaje
Tovaglie con pizzo
Kleedje met kant
Csipkés terítő
Ø 30 cm / Ø 12 in

Seite 32 / Page 32
Page 32 / Página 32
Pagina 32 / Pagina 32
Oldal 32

Design 79461
Kissen / Cushion
Coussin / Almohada
Cuscino / Kussen / Párna
25 × 25 cm / 10 × 10 in

Seite 32 / Page 32
Page 32 / Página 32
Pagina 32 / Pagina 32
Oldal 32

A. Design 79464
Bild / Picture
Tableau / Cuadro
Quadro / Beeld / Kép
Ø 15,5 cm / Ø 6 in

Seite 58 / Page 58
Page 58 / Página 58
Pagina 58 / Pagina 58
Oldal 58

B. Design 79462
Bild / Picture
Tableau / Cuadro
Quadro / Beeld / Kép
Ø 15,5 cm / Ø 6 in

Seite 54 / Page 54
Page 54 / Página 54
Pagina 54 / Pagina 54
Oldal 54

C. Design 79466
Bild / Picture
Tableau / Cuadro
Quadro / Beeld / Kép
Ø 15,5 cm / Ø 6 in

Seite 50 / Page 50
Page 50 / Página 50
Pagina 50 / Pagina 50
Oldal 50

D. Design 79465
BBild / Picture
Tableau / Cuadro
Quadro / Beeld / Kép
Ø 15,5 cm / Ø 6 in

Seite 55 / Page 55
Page 55 / Página 55
Pagina 55 / Pagina 55
Oldal 55

Design 79442
Bild / Picture
Tableau / Cuadro
Quadro / Beeld / Kép
Ø 15,5 cm / Ø 6 in

Seite 51 / Page 51
Page 51 / Página 51
Pagina 51 / Pagina 51
Oldal 51

Design 79453
Tischdecke / Tablecloth
Nappe / Mantel / Tovaglia / Dekservet / Asztalterítő
90 × 90 cm / 35 × 35 in

Seite 52 / Page 52 / Page 52
Página 52 / Pagina 52
Pagina 52 / Oldal 52

Design 79458
Tischdecke / Tablecloth
Nappe / Mantel / Tovaglia / Dekservet / Asztalterítő
90 × 90 cm / 35 × 35 in

Seite 40 / Page 40 / Page 40
Página 40 / Pagina 40
Pagina 40 / Oldal 40

Design 79467
Knopf / Button / Bouton
Botón / Bottone / Knoop
Gomb
Ø 4 cm / Ø 1,6 in

Seite 28 / Page 28
Page 28 / Página 28
Pagina 28 / Pagina 28
Oldal 28

Design 79470

Design 79468

Design 79469
Knopf / Button / Bouton
Botón / Bottone / Knoop
Gomb
Ø 4 cm / Ø 1,6 in

Seite 29 / Page 29
Page 29 / Página 29
Pagina 29 / Pagina 29
Oldal 29

Design 79459
Tischdecke/Tablecloth Nappe/Mantel/Tovaglia/Dekservet/Asztalterítő
90 × 90 cm/35 × 35 in

Seite 56/Page 56/Page 56
Página 56/Pagina 56
Pagina 56/Oldal 56

Design 79463
Kissen / Cushion
Coussin / Almohada
Cuscino / Kussen / Párna
25 × 25 cm / 10 × 10 in

Seite 54 / Page 54
Page 54 / Página 54
Pagina 54 / Pagina 54
Oldal 54

Design 79472
Tischband / Table band
Ruban de table / Cinta de mesa / Nastro di tavolo
Tafelband / Hosszú napron
29 × 155 cm / 11 × 61 in

Seite 30 / Page 30
Page 30 / Página 30
Pagina 30 / Pagina 30
Oldal 30

Kleine Stickschule

Embroidery instructions / Petites leçons de broderie / Pequena escuela de bordar / Guida di ricamo / Borduurtechnieken / Hímzési utasítások

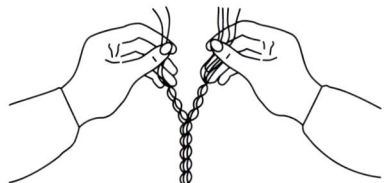 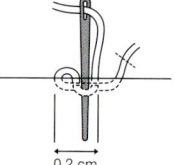

0,2 cm

D 2-fädig sticken: Beachten Sie diesen Hinweis nicht, wird das Stickgarn nicht ausreichen. Die Stickerei sollte in einem Stickrahmen ausgeführt werden.

GB Embroider with 2 strands of thread. If you do not follow this instruction, you will not have enough thread to complete your work. Use a hoop for embroidery.

FR Broder avec 2 brins: si vous ne suivez pas cette recommandation, vous n'aurez pas assez de fil à broder. Il est conseillé de tendre l'ouvrage à broder sur un cadre.

ES Bordar con 2 hilos: Si no se observa esta indicación el hilo de bordar no será suficiente. Les recomendamos bordar con un bastidor.

IT Ricamare con 2 fili. In caso contrario il filo non è sufficiente. Ricamare con un telaio da ricamo.

NL U borduurt met gesplitst garen n.l. 2 draadjes: Borduren in een borduurringis aan te bevelen, zeker bij voorgetekende motiefen.

HU Az osztott hímző 2 ágával hímezzen. Ha nem követi az utasítást, akkor nem lesz elegendő az előírt fonalmennyiség. Használjon hímzőkeretet.

D Den Befestigungsstich fest anziehen und den überstehenden Restfaden abschneiden.

GB Starting and finishing: Pull the stitch tightly to secure and cut off the end ofthread remaining on the right side.

FR Point d'arrêt: Bien serrer le point d'arrêt et couper le fil dépassant.

ES Punto de fijación: Sujetar el punto de fijación sólidamente y cortar el hilo sobrante.

IT Punto di fissaggio: Tirare il punto e tagliare il filo sporgente.

NL Vastzetten van het garen: De steek goed aantrekken en garenrest wegknippen.

HU Kezdés és befejezés: A megerősítő öltést húzza meg erősen, és a színoldalon megmaradó fonalvéget vágja le.

D Sticktwist und Garnverbrauch in ganzen Metern.
GB Amount of thread required in metres.
FR Fournitures métrage.
ES Hilo de bordar y cantidades indicadas enmadejas metros.
IT Occorrente di filato da ricamo a metri.
NL Benodigd garen in meters.
HU A szükséges mennyiség méterben megadva.

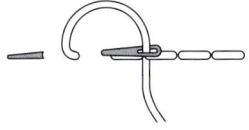 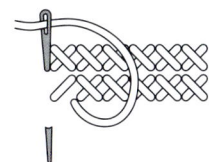 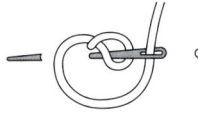

- **D** Steppstich
- **GB** Back stitch
- **FR** Point arrière
- **ES** Pespunte
- **IT** Trapunto
- **NL** Stiksteek
- **HU** Visszaöltés

- **D** Kreuzstich
- **GB** Cross stitch
- **FR** Point de croix
- **ES** Punto de cruz
- **IT** Punto croce
- **NL** Kruissteek
- **HU** Keresztszemes hímzés

- **D** Knötchenstich
- **GB** French knot
- **FR** Point de noeud
- **ES** Punto de nudos
- **IT** Punto nodini
- **NL** Knoopjessteek
- **HU** Francia csomó

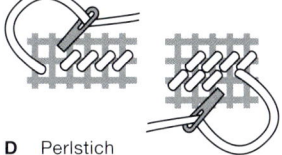

- **D** Perlstich
- **GB** Tent stich
- **FR** Petit point
- **ES** Medio punto
- **IT** Punto perla
- **NL** Parelsteek
- **HU** Gyöngyöltés

- **D** Stoffzuschnitt
- **GB** Fabric piece
- **FR** Coupe de tissu
- **ES** Recorte de tela
- **IT** Taglio stoffa
- **NL** Geknipte stof
- **HU** Anyag szabása

- **D** Konturen/Steppstich
- **GB** Outlines/Back stitch
- **FR** Contours/Point arrière
- **ES** Contornos/Pespunte
- **IT** Contorni/Trapunto
- **NL** Omlijningen/Stiksteek
- **HU** Kontúrok/Visszaöltés

- **D** Stickbeginn
- **GB** Start of embroidery
- **FR** Début de la broderie
- **ES** Comienzo del bordado
- **IT** Inizio del ricamo
- **NL** Borduurbegin
- **HU** Hímzéskezdés

- **D** Motiv-Mitte/Stickbeginn
- **GB** Centre of design/Start of embroidery
- **FR** Centre du motif/Début de la broderie
- **ES** Centro del motivo/Comienzo del bordado
- **IT** Centro del motivo/Inizio del ricamo
- **NL** Midden van het motie/Borduurbegin
- **HU** A minta közep/Hímzéskezdés

Design 79474
Anhänger aus Holz / Wooden pendant
Pendentif en bois / Colgante decorativo
de madera / Decarozaione in legno da
appendere / Houten (sleutel-)hanger
Felakasztható dísz fából
Ø 7 cm / Ø 2,8 in
No. 03531.00.00

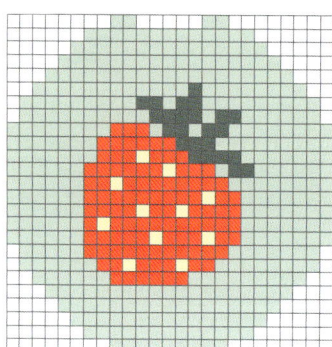

Design 79473
Anhänger aus Holz / Wooden pendant
Pendentif en bois / Colgante decorativo
de madera / Decarozaione in legno da
appendere / Houten (sleutel-)hanger
Felakasztható dísz fából
6 × 8 cm / 2,4 × 3,2 in
No. 03532.00.00

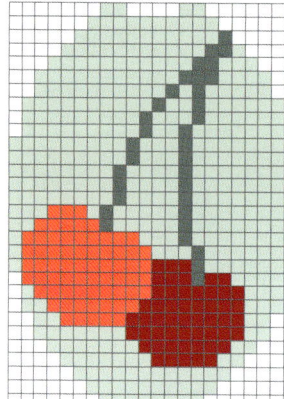

D	4-fädig sticken.
GB	Stitch using 4 strands of embroidery thread.
FR	A broder avec 4 brins.
ES	Bordar con 4 hilos.
IT	Ricamare con 4 fili.
NL	Met 4 draadjes splijtgaren borduren.
HU	Az osztott hímző 4 ágával hímezzünk.

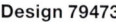

	147	8 m
	135	1 m
	060	2 m
	035	1 m

	001	1 m
	147	7 m
	135	1 m
	060	2 m

Knopf / Button / Bouton
Botón / Bottone / Knoop
Gomb
Ø 4 cm / Ø 1,6 in
No. 17804.15.96
✂ 14 × 14 cm / 6 × 6 in
No. 03485.00.01

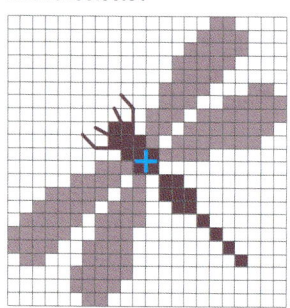

D	1-fädig über 1 Gewebefaden sticken.
GB	Stitch over 1 thread, using 1 strand of embroidery thread.
FR	A broder sur 1 fil de trame, avec 1 brin de mouliné.
ES	Bordar con 1 hilo sobre 1 hilo de tela.
IT	Ricamare con 1 filo su 1 filo del tessuto.
NL	Met 1 draadje splijtgaren over 1 weefseldraden borduren.
HU	Hímzés: egyszálas, 1 szövetfonallal

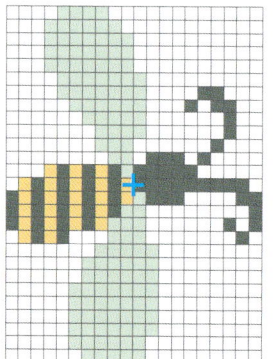

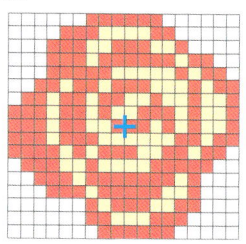

Design 79468

	094	1 m
	095	1 m

Design 79467

	235	1 m
	147	1 m
	135	1 m

Design 79470

	001	1 m
	036	1 m

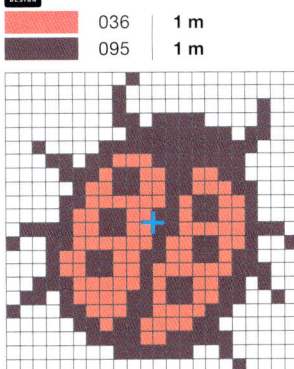

036	1 m
095	1 m

Design 79469
Knopf / Button / Bouton
Botón / Bottone / Knoop
Gomb
Ø 4 cm / Ø 1,6 in
No. 17804.15.96
✄ 14 × 14 cm / 6 × 6 in
No. 18010.15.92
✄ 20 × 20 cm / 8 × 8 in
No. 18015.15.92
✄ 14 × 14 cm / 6 × 6 in
No. 7004.50.23
✄ 40 cm / 16 in
No. 03485.00.01
No. 7092.07.41

D 2 Kreise zuschneiden mit einem Durchmesser von 14 cm und von 20 cm.
Die Rundung ca. 5 mm vom Rand entfernt einreihen.
Den Faden zusammenziehen, Fadenenden verknoten.
Die Rosetten übereinanderlegen, zusammennähen, in der Mitte den Knopf befestigen und auf der Rückseite eine Broschennadel anbringen.

FR Découper 2 cercles d'un diamètre respectif de 14 cm et 20 cm.
Froncer l'arrondi à environ 5 mm du bord.
Tirer les fils, nouer les extrémités.
Coudre ensemble les rosettes l'une par dessus l'autre, fixer le bouton au milieu et apposer une épingle à broche sur le côté opposé.

NL 2 cirkels met een diameter van 14 cm en van 20 cm op maat knippen.
De ronding op een afstand van ca. 5 mm van de rand rangschikken.
De draden bij elkaar trekken, het uiteinde van de draden vastknopen.
De rozetten op elkaar leggen, aan elkaar naaien, in het midden de knoop bevestigen en aan de achterkant een brochenaald aanbrengen.

ES Cortar 2 círculos con un diámetro de 14 cm y de 20 cm.
Colocar la forma redonda a 5 mm aprox. del borde.
Tirar del hilo, anudar el extremo del hilo.
Poner las rosetas una encima de la otra, coserlas juntas, fijar el botón en el centro y colocar un imperdible de broche en la parte posterior.

HU Vágjon ki egy 14 cm és 20 cm átmérőjű kört.
A kör szélétől kb. 5 mm-re ráncolja össze az anyagot.
Húzza össze a fonalat, majd kösse össze a fonal végeit.
Helyezze egymásra a rózsadíszeket, varrja össze őket, középre rögzítse fel a gombot, majd a hátoldalon helyezzen el egy brosstűt.

D 1-fädig über 1 Gewebefaden sticken.
GB Stitch over 1 thread, using 1 strand of embroidery thread.
FR A broder sur 1 fil de trame, avec 1 brin de mouliné.
ES Bordar con 1 hilo sobre 1 hilo de tela.
IT Ricamare con 1 filo su 1 filo del tessuto.
NL Met 1 draadje splijtgaren over 1 weefseldraden borduren.
HU Hímzés: egyszálas, 1 szövetfonallal

GB Cut 2 circles with diameters of 6 in and 8 in.
Gather the curves approximately 5 mm from the edge.
Tighten the thread, and then knot the ends of the thread together.
Lay the rosettes on top of each other, attach the button in the middle and fasten a brooch needle to the back.

IT Ritagliare 2 cerchi del diametro di 14 cm e 20 cm.
Ripiegare l'orlo a circa 5 mm dal bordo.
Tirare il filo e annodarne le estremità.
Sovrapporre le due rosette, cucirle l'una all'altra, fissare il nodo al centro e applicare una spilla sul retro.

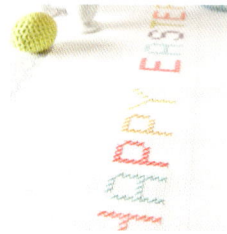

Design 79472
Tischband / Table band
Ruban de table / Cinta de mesa / Nastro di tavolo
Tafelband / Hosszú napron
29 × 155 cm / 11 × 61 in
No. 16248.50.18

D 4-fädig sticken.
GB Stitch using 4 strands of embroidery thread.
FR A broder avec 4 brins.
ES Bordar con 4 hilos.
IT Ricamare con 4 fili.
NL Met 4 draadjes splijtgaren borduren.
HU Az osztott hímző 4 ágával hímezzünk.

RICO DESIGN

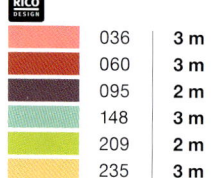

	036	**3 m**
	060	**3 m**
	095	**2 m**
	148	**3 m**
	209	**2 m**
	235	**3 m**

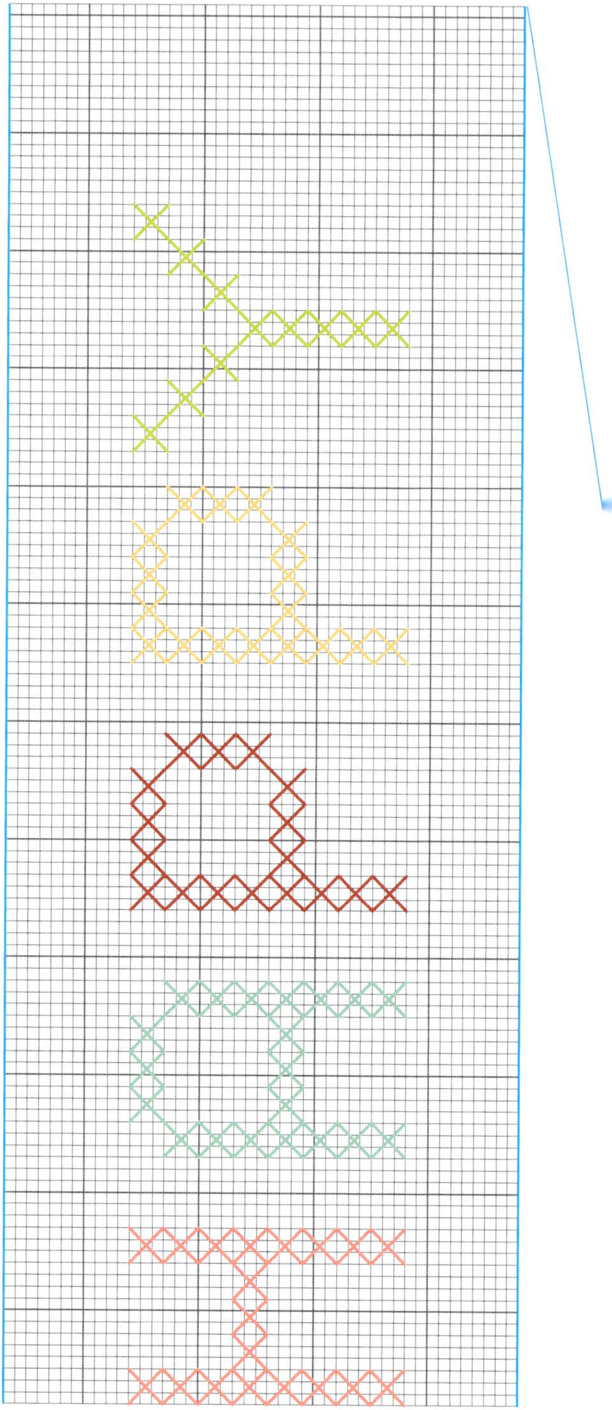

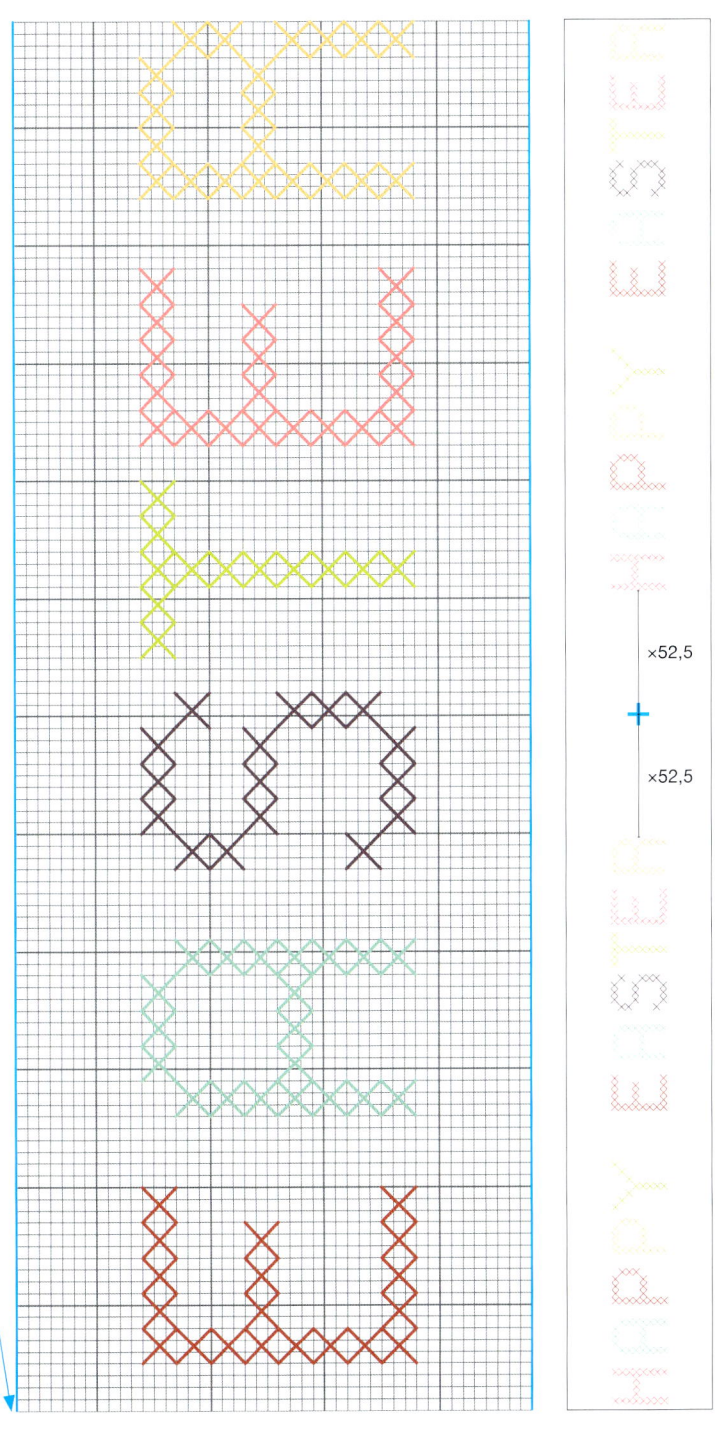

Design 79460
Deckchen mit Spitze
Tablecloth with lace
Napperon en dentelle
Mantel con encaje
Tovaglie con pizzo
Kleedje met kant
Csipkés terítő
Ø 30 cm / Ø 12 in
No. 16176.59.41

Design 79461
Kissen / Cushion
Coussin / Almohada
Cuscino / Kussen / Párna
25 × 25 cm / 10 × 10 in
No. 17804.15.96
✂ 27 × 30 cm / 11 × 12 in
No. 18015.15.92
✂ 27 × 30 cm / 11 × 12 in

D 2-fädig über 2 Gewebefäden sticken. Neon mit ganzem Faden.
GB Stitch over 2 threads, using 2 strands of embroidery thread. Stitch using whole neon thread.
FR A broder sur 2 × 2 fils de trame, avec 2 brins de mouliné. Neon, broder avec fil complet.
ES Bordar con 2 hilos sobre 2 hilos de tela. Neón, bordar con todo el hilo.
IT Ricamare con 2 fili su 2 fili del tessuto. Neon ricamare con filo intero.
NL Met 2 draadjes splijtgaren over 2 weefseldraden borduren. Neon met de hele draad borduren.
HU A szöveten 2 szál egy keresztöltés, az osztott hímző 2 ágával hímezzünk. Neon egész szállal hímezze.

001	3 m
235	9 m
059	5 m
036	3 m
060	3 m
147	3 m
148	2 m
135	3 m
094	3 m
095	3 m

Neon No. 2011

949	2 m
950	3 m

Design 79455
Tischband/Table band
Ruban de table/Cinta de mesa/Nastro di tavolo
Tafelband/Hosszú napron
29 × 155 cm / 11 × 61 in
No. 16248.50.18

- **D** 2-fädig sticken, Neon mit ganzem Faden.
- **GB** Stitch using 2 strands of embroidery thread. Stitch using whole neon thread.
- **FR** A broder avec 2 brins. Neon, broder avec fil complet.
- **ES** Bordar con 2 hilos. Neón, bordar con todo el hilo.
- **IT** Ricamare con 2 fili. Neon ricamare con filo intero.
- **NL** Met 2 draadjes splijtgaren borduren. Neon met de hele draad borduren.
- **HU** Az osztott hímző 2 ágával hímezzünk. Neon egész szállal hímezze.

	001	4 m
	235	22 m
	059	5 m
	036	7 m
	060	5 m
	147	7 m
	148	3 m
	135	4 m
	094	5 m
	095	7 m
Neon No. 2011		
	950	4 m

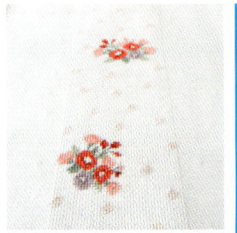

Design 79457
Tischband/Table band
Ruban de table/Cinta de mesa/Nastro di tavolo
Tafelband/Hosszú napron
29 × 155 cm/11 × 61 in
No. 16248.50.18

D 2-fädig sticken.
GB Stitch using 2 strands of embroidery thread.
FR A broder avec 2 brins.
ES Bordar con 2 hilos.
IT Ricamare con 2 fili.
NL Met 2 draadjes splijtgaren borduren.
HU Az osztott hímző 2 ágával hímezzünk.

RICO DESIGN

	001	**3 m**
	048	**9 m**
	059	**4 m**
	036	**4 m**
	057	**5 m**
	058	**3 m**
	094	**3 m**
	095	**2 m**
	173	**3 m**
	171	**3 m**

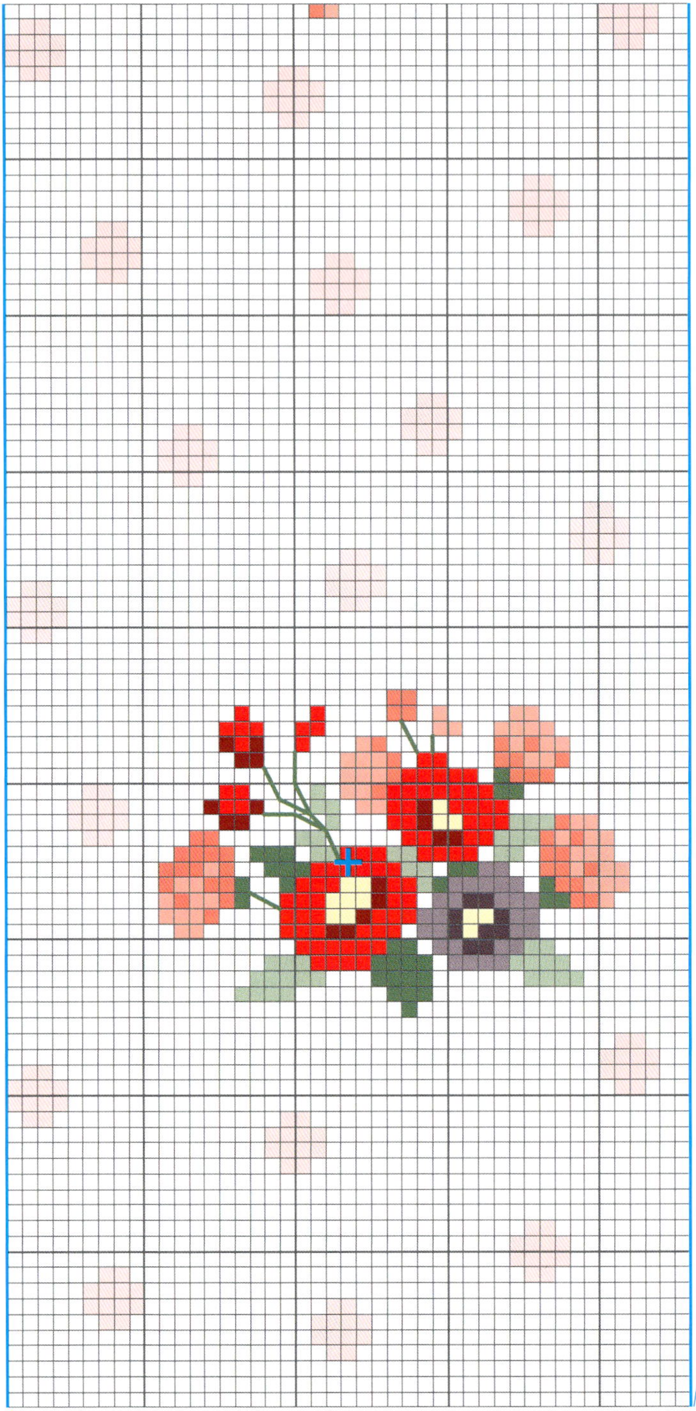

37

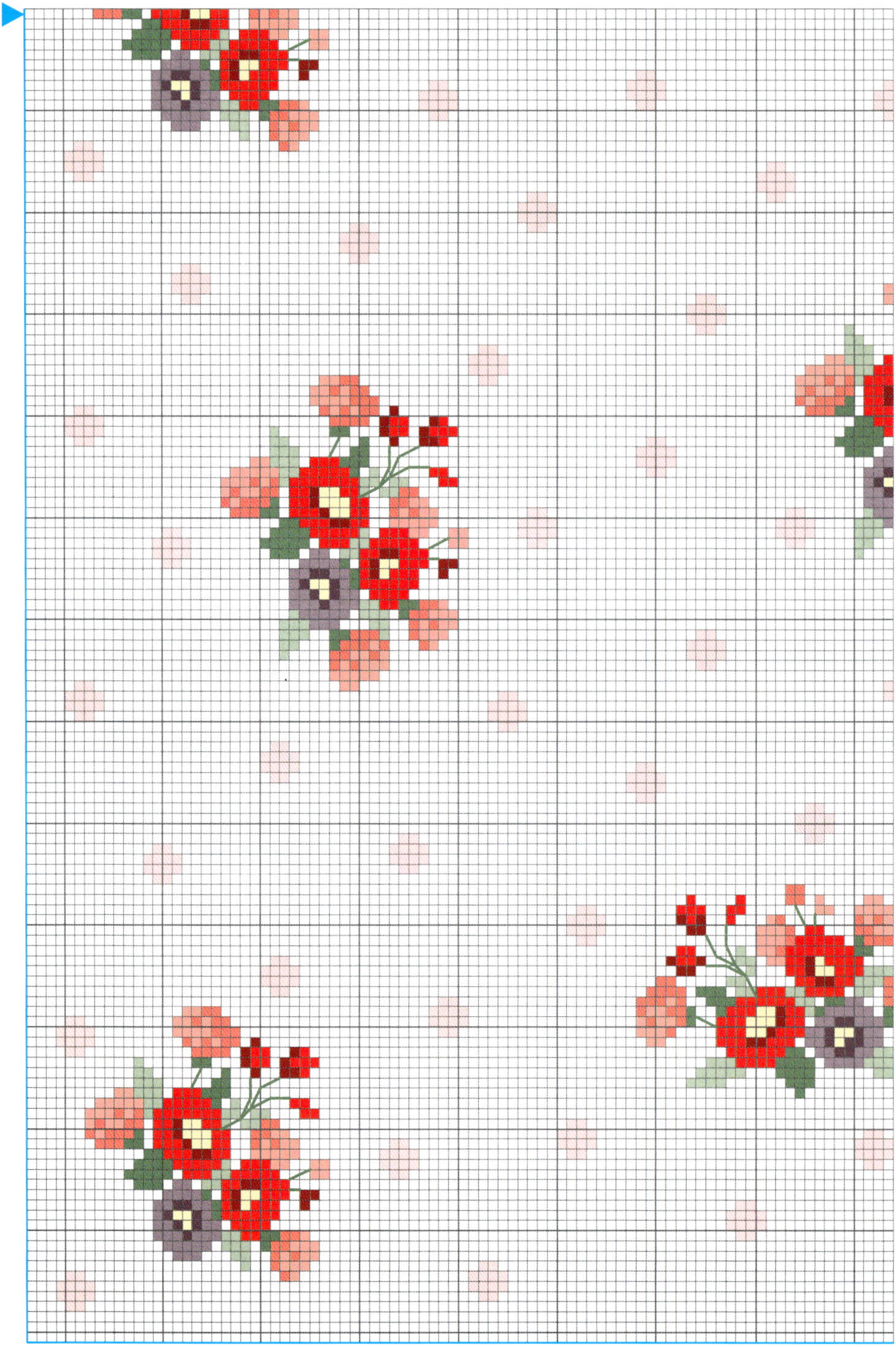

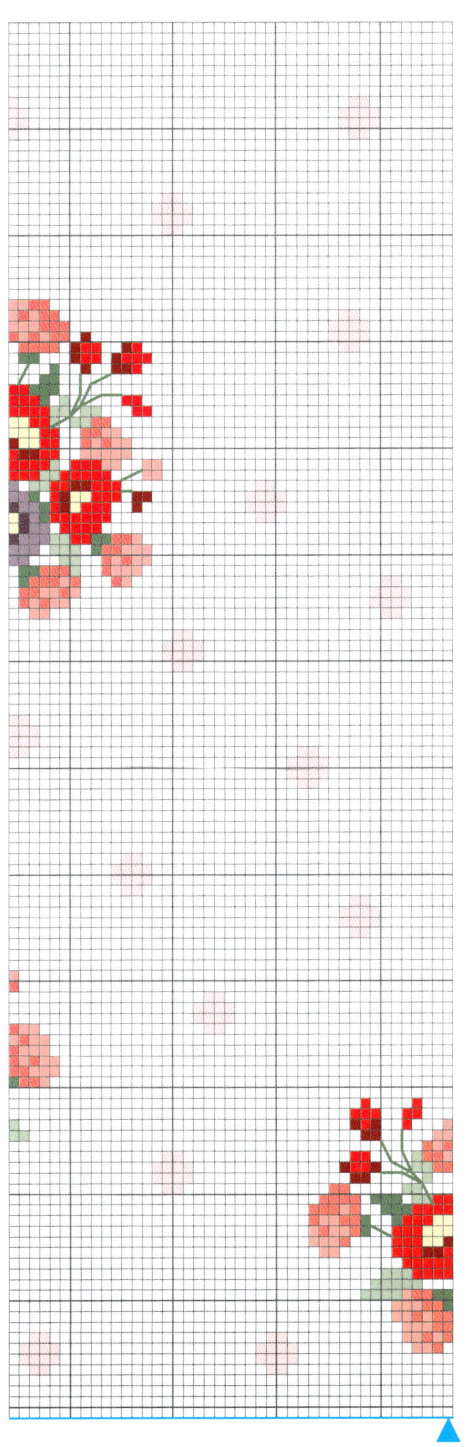

Design 79457
Tischdecke/Tablecloth
Nappe/Mantel
Tovaglia/Dekservet
Asztalterítő
90 × 90 cm / 35 × 35 in
No. 16248.50.21

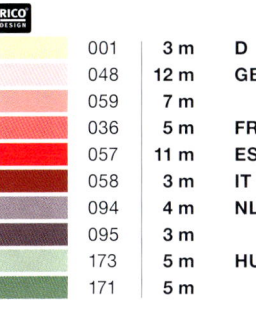

001	3 m	D	2-fädig sticken.
048	12 m	GB	Stitch using 2 strands
059	7 m		of embroidery thread.
036	5 m	FR	A broder avec 2 brins.
057	11 m	ES	Bordar con 2 hilos.
058	3 m	IT	Ricamare con 2 fili.
094	4 m	NL	Met 2 draadjes splijt-
095	3 m		garen borduren.
173	5 m	HU	Az osztott hímző 2
171	5 m		ágával hímezzünk.

39

187

069

215 *104

Design 79458
Tischdecke / Tablecloth
Nappe / Mantel
Tovaglia / Dekservet
Asztalterítő
90 × 90 cm / 35 × 35 in
No. 16248.50.21

- **D** 2-fädig sticken. *Konturen 1-fädig sticken.
- **GB** Stitch using 2 strands of embroidery thread. *Use 1 strand for back stitch.
- **FR** A broder avec 2 brins. *Contours avec 1 brin.
- **ES** Bordar con 2 hilos. *Contornos con 1 hilo.
- **IT** Ricamare con 2 fili. *Contorni con 1 filo.
- **NL** Met 2 draadjes splijtgaren borduren. *Stiksteken met 1 draadje.
- **HU** Az osztott hímző 2 ágával hímezzünk. *Kontúrok 1 rétegben.

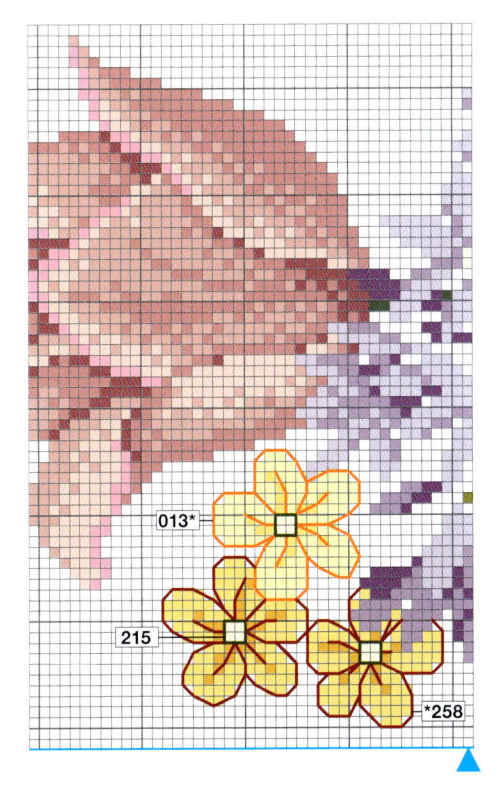

	001	4 m
	010	11 m
	018	12 m
	012	5 m
*	013	4 m
*	258	4 m
	048	3 m
	065	7 m
	067	20 m
	068	12 m
	069	4 m
	105	22 m
	106	15 m
	108	7 m
*	104	4 m
	210	4 m
	215	4 m
	184	5 m
	186	4 m
	187	3 m

41

Design 79471
Schleife / Bow / Nœud
Lazo / Fiocco / Strik / Masni
10 × 152 cm / 4 × 60 in
No. 17582.10.00
✂ 10 × 154 cm / 4 × 61 in
No. 7004.50.23

	003	2 m
	010	2 m
	018	4 m
	012	2 m
O	016	4 m
	024	1 m
	184	2 m
	186	2 m
L	187	3 m
	210	3 m
	048	2 m
	055	3 m
M	056	4 m
	057	1 m
	065	2 m
E	067	4 m
	068	3 m
	069	2 m
	094	3 m
	096	3 m
W C	097	3 m
	075	1 m

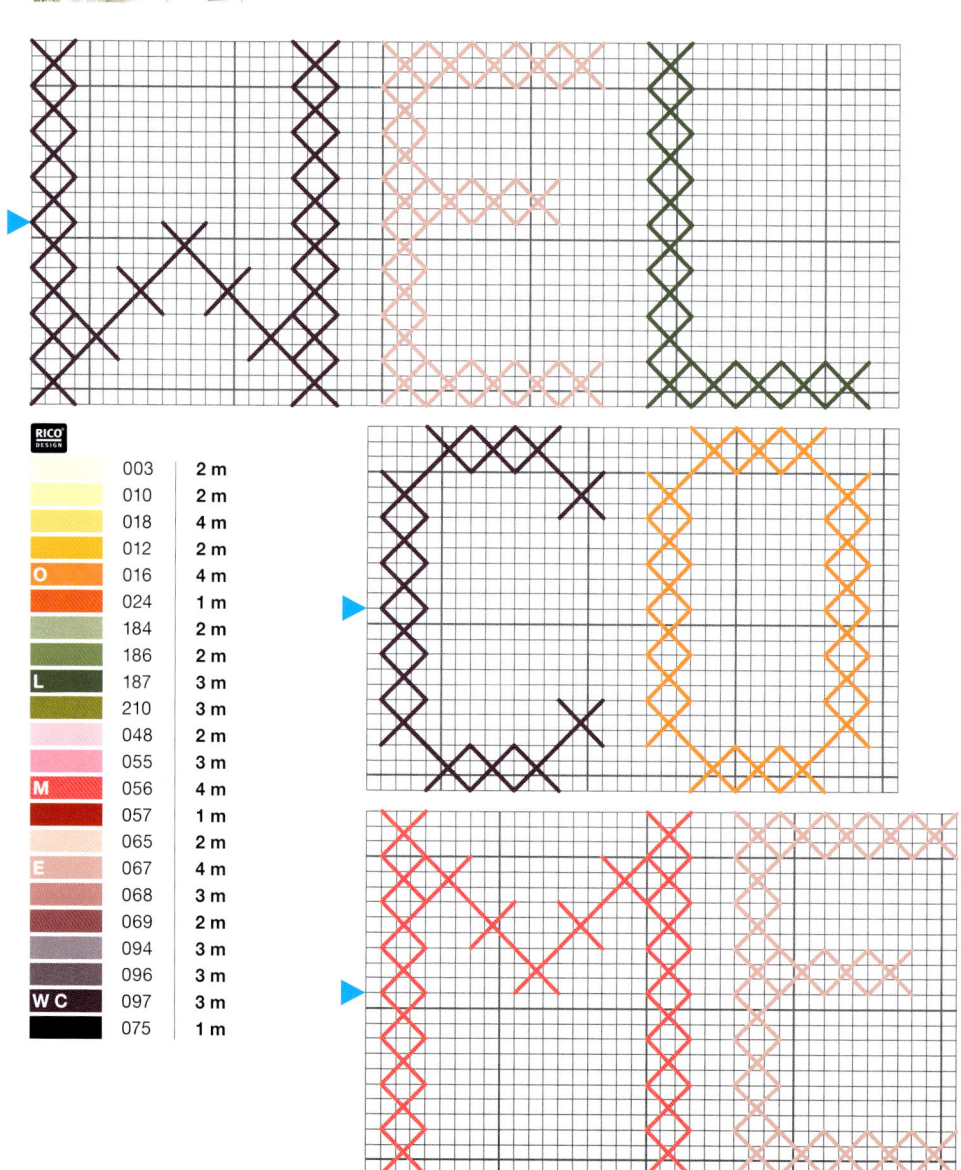

D 2-fädig über 2 Gewebefäden sticken. Stickbeginn: 5,5 cm von der fertigen Spitze. Zählmuster Seite 44–45.

GB Stitch over 2 threads, using 2 strands of embroidery thread. Start embroidery 2,2 in from the pointed end. Continue stitching side 44–45.

FR A broder sur 2 × 2 fils de trame, avec 2 brins de mouliné. Commencer la broderie à 5,5 cm de la pointe finie. Continuer à broder page 44–45.

ES Bordar con 2 hilos sobre 2 hilos de tela. Inicio del bordado: 5,5 cm desde el encaje terminado. Siguiendo la muestra página 44–45.

IT Ricamare con 2 fili su 2 fili del tessuto. Inizio del ricamo: a 5,5 cm dal pizzo finito. Seguendo il modello pagina 44–45.

NL Met 2 draadjes splijtgaren over 2 weefseldraden borduren. Borduurbegin: 5,5 cm voor het afgewerkte kant. Telpatroon pagina 44–45.

HU A szöveten 2 szál egy keresztöltés, az osztott hímzö 2 ágával hímezzünk. Hímzés-kezdés: 5,5 cm a kész csipkétől. Leszámolható mintát oldal 44–45.

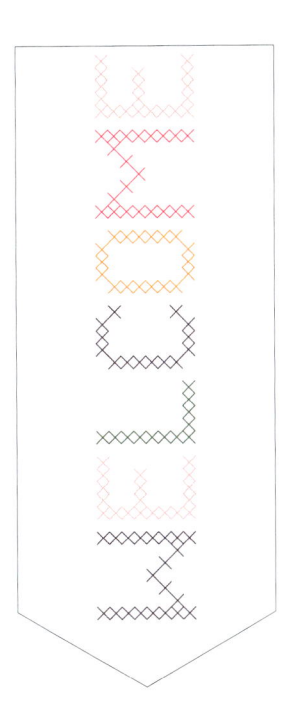

D 4-fädig über 6 Gewebefäden sticken. Stickbeginn: 9,5 cm von der fertigen Spitze.

GB Stitch over 6 threads, using 4 strands of embroidery thread. Start embroidery 3,7 in from the pointed end.

FR A broder sur 6 × 6 fils de trame, avec 4 brins de mouliné. Commencer la broderie à 9,5 cm de la pointe finie.

ES Bordar con 4 hilos sobre 6 hilos de tela. Inicio del bordado: 9,5 cm desde el encaje terminado.

IT Ricamare con 4 fili su 6 fili del tessuto. Inizio del ricamo: a 9,5 cm dal pizzo finito.

NL Met 4 draadjes splijtgaren over 6 weefseldraden borduren. Borduurbegin: 9,5 cm voor het afgewerkte kant.

HU A szöveten 4 szál egy keresztöltés, az osztott hímzö 6 ágával hímezzünk. Hímzés-kezdés: 9,5 cm a kész csipkétől.

Design 79454
Tischband/Table band
Ruban de table/Cinta de mesa/Nastro di tavolo
Tafelband/Hosszú napron
29 × 155 cm/11 × 61 in
No. 16248.50.18

- **D** 2-fädig sticken.
- **GB** Stitch using 2 strands of embroidery thread.
- **FR** A broder avec 2 brins.
- **ES** Bordar con 2 hilos.
- **IT** Ricamare con 2 fili.
- **NL** Met 2 draadjes splijtgaren borduren.
- **HU** Az osztott hímző 2 ágával hímezzünk.

	003	3 m
	010	4 m
	018	9 m
	012	4 m
	016	4 m
	024	3 m
	184	3 m
	186	3 m
	187	3 m
	210	4 m
	048	2 m
	055	5 m
	056	5 m
	057	3 m
	065	4 m
	067	4 m
	068	4 m
	069	3 m
	094	4 m
	096	5 m
	097	3 m
	075	1 m

×82

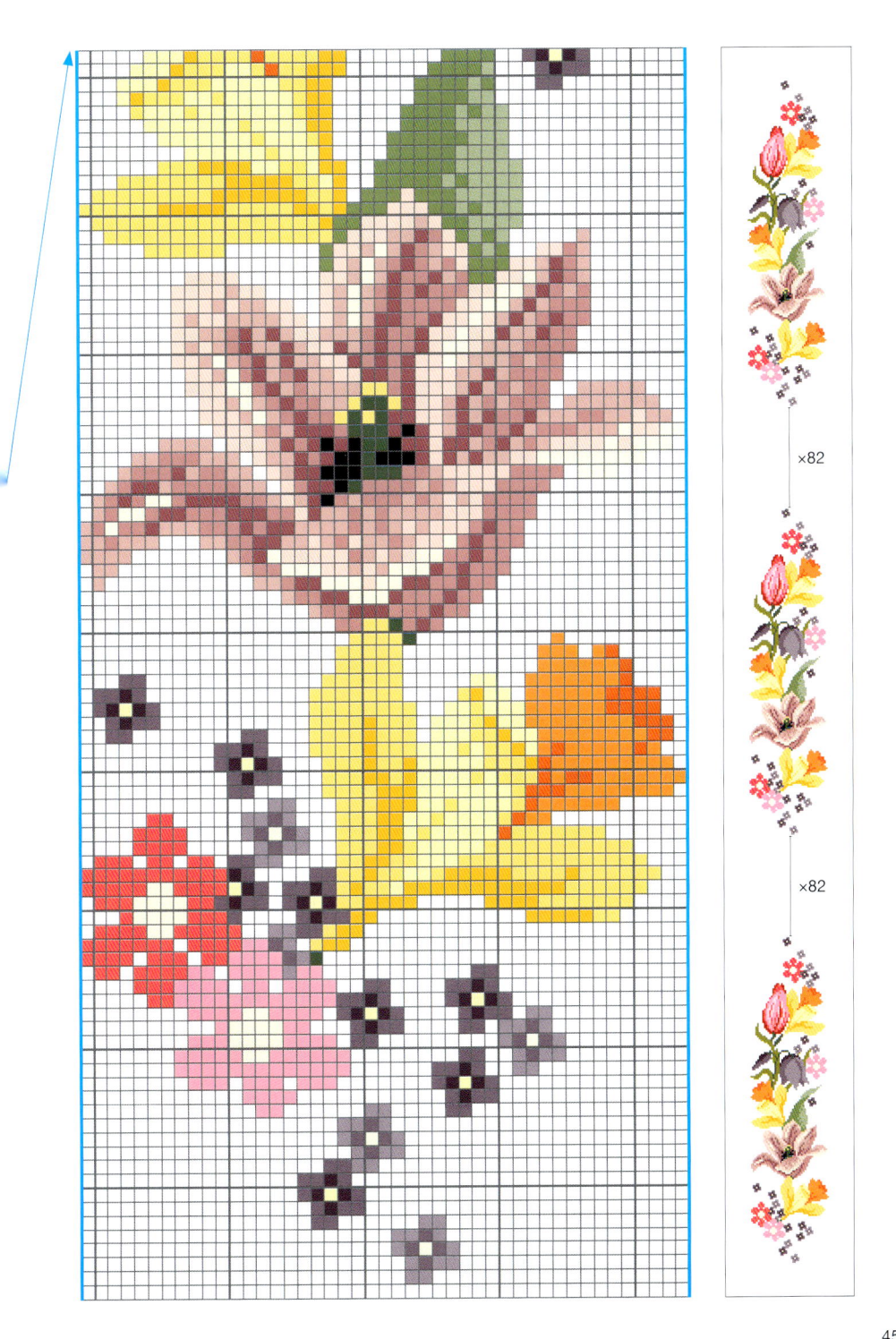

×82

45

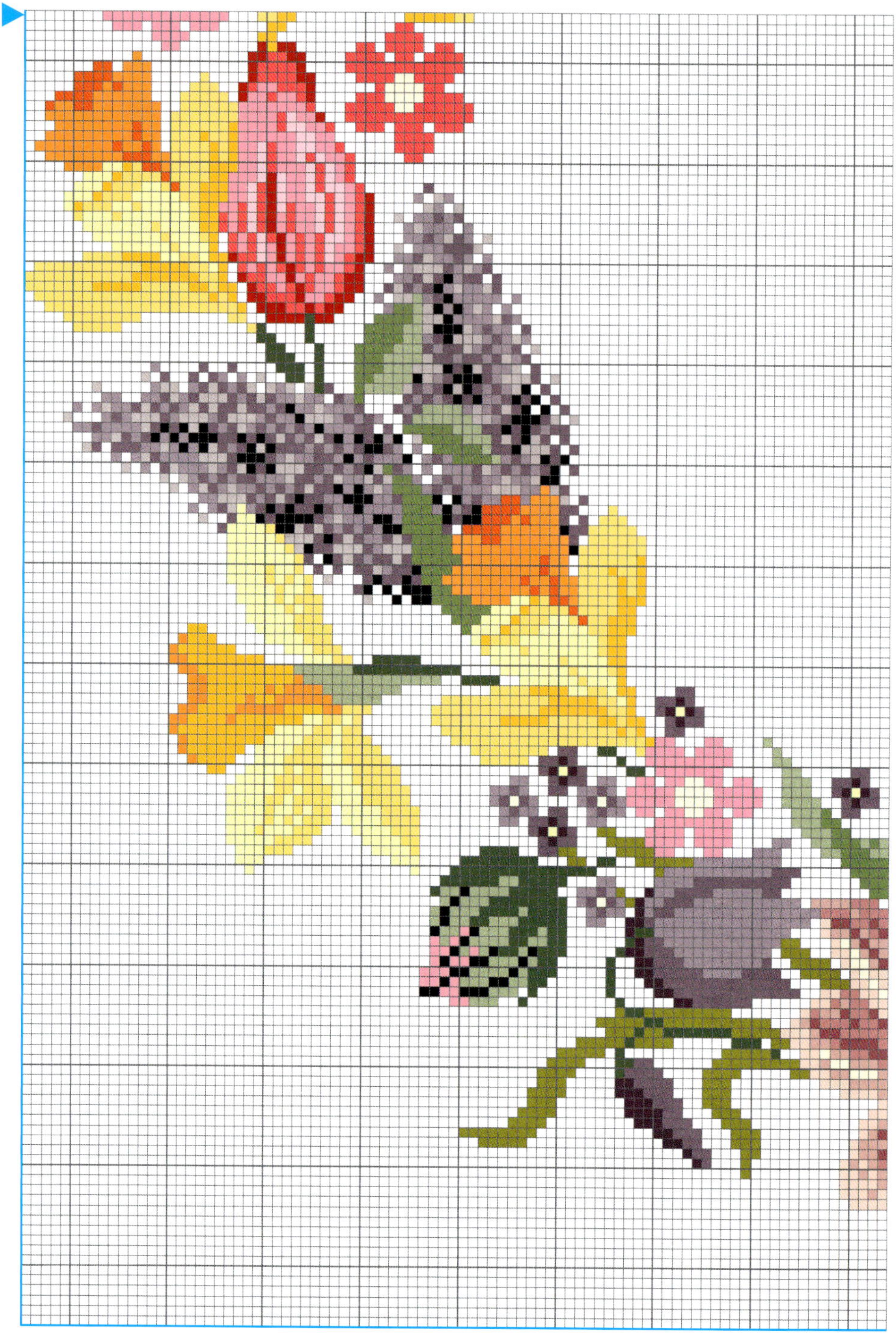

Design 79454
Tischdecke/Tablecloth
Nappe/Mantel
Tovaglia/Dekservet
Asztalterítő
90 × 90 cm/35 × 35 in
No. 16248.50.21

- **D** 2-fädig sticken.
- **GB** Stitch using 2 strands of embroidery thread.
- **FR** A broder avec 2 brins.
- **ES** Bordar con 2 hilos.
- **IT** Ricamare con 2 fili.
- **NL** Met 2 draadjes splijtgaren borduren.
- **HU** Az osztott hímző 2 ágával hímezzünk.

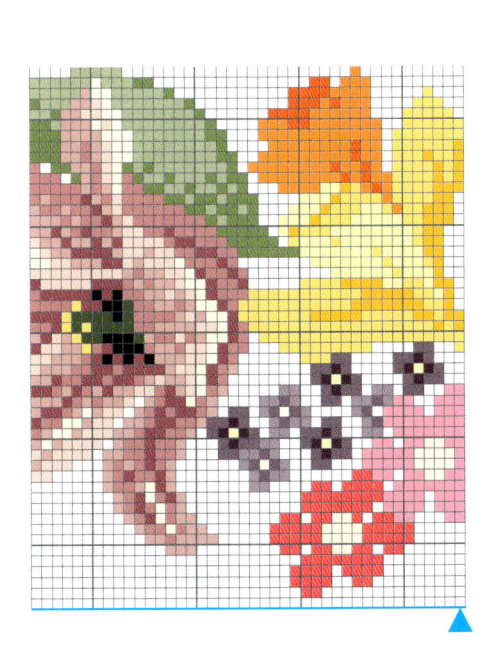

	003	4 m
	010	9 m
	018	**16 m**
	012	7 m
	016	7 m
	024	3 m
	184	7 m
	186	5 m
	187	5 m
	210	4 m
	048	3 m
	055	9 m
	056	7 m
	057	3 m
	065	4 m
	067	5 m
	068	5 m
	069	4 m
	093	4 m
	094	11 m
	096	11 m
	097	3 m
	075	4 m

47

D	2-fädig sticken. *Konturen 1-fädig sticken.
GB	Stitch using 2 strands of embroidery thread. *Use 1 strand for back stitch.
FR	A broder avec 2 brins. *Contours avec 1 brin.
ES	Bordar con 2 hilos. *Contornos con 1 hilo.
IT	Ricamare con 2 fili. *Contorni con 1 filo.
NL	Met 2 draadjes splijtgaren borduren. *Stiksteken met 1 draadje.
HU	Az osztott hímző 2 ágával hímezzünk. *Kontúrok 1 rétegben.

Design 79456
Tischdecke/Tablecloth
Nappe/Mantel
Tovaglia/Dekservet
Asztalterítő
90 × 90 cm / 35 × 35 in
No. 16248.50.21

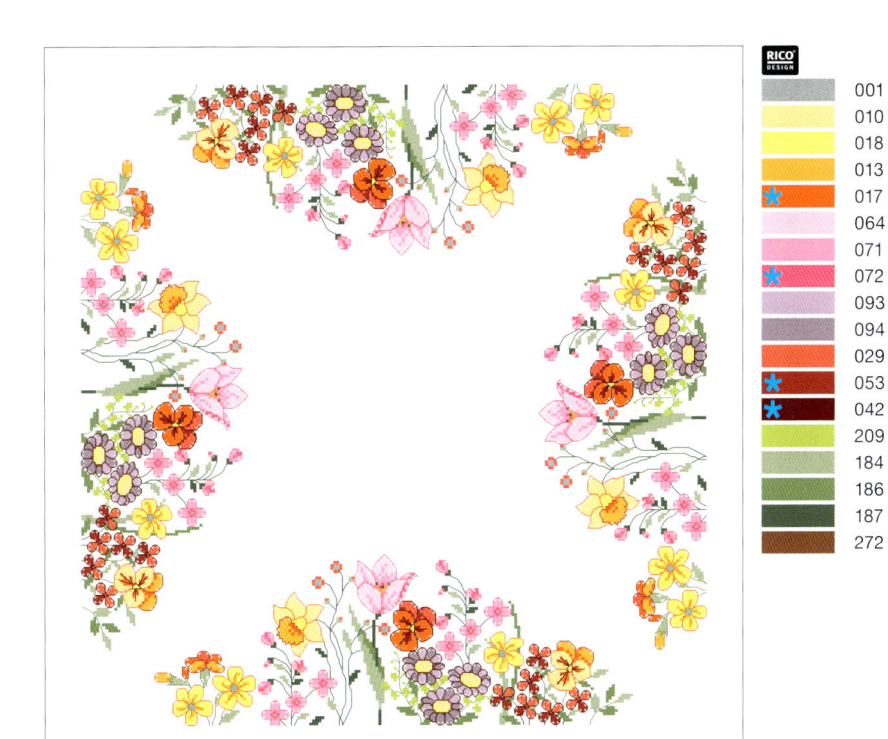

RICO DESIGN	001	2 m
	010	5 m
	018	7 m
	013	4 m
✳	017	5 m
	064	4 m
	071	7 m
✳	072	4 m
	093	4 m
	094	4 m
	029	4 m
✳	053	4 m
✳	042	4 m
	209	3 m
	184	7 m
	186	5 m
	187	5 m
	272	1 m

49

D 2-fädig über 2 Gewebefäden sticken. Neon mit ganzem Faden.
GB Stitch over 2 threads, using 2 strands of embroidery thread. Stitch using whole neon thread.
FR A broder sur 2 × 2 fils de trame, avec 2 brins de mouliné. Neon, broder avec fil complet.
ES Bordar con 2 hilos sobre 2 hilos de tela. Neón, bordar con todo el hilo.
IT Ricamare con 2 fili su 2 fili del tessuto. Neon ricamare con filo intero.
NL Met 2 draadjes splijtgaren over 2 weefseldraden borduren. Neon met de hele draad borduren.
HU A szöveten 2 szál egy keresztöltés, az osztott hímzö 2 ágával hímezzünk. Neon egész szállal hímezze.

Design 79466
Bild / Picture
Tableau / Cuadro
Quadro / Beeld / Kép
Ø 15,5 cm / Ø 6 in
No. 17804.15.96
✂ 23 × 23 cm / 9 × 9 in
No. 95218.00.00

RICO DESIGN

	001	1 m
	018	1 m
	015	1 m
	148	3 m
	099	3 m
	101	3 m
	209	2 m
	210	3 m
	206	1 m
Neon No. 2011		
	949	5 m

D	2-fädig über 2 Gewebefäden sticken. *Konturen 1-fädig sticken.
GB	Stitch over 2 threads, using 2 strands of embroidery thread. *Use 1 strand for back stitch.
FR	A broder sur 2 × 2 fils de trame, avec 2 brins de mouliné. *Contours avec 1 brin.
ES	Bordar con 2 hilos sobre 2 hilos de tela. *Contornos con 1 hilo.
IT	Ricamare con 2 fili su 2 fili del tessuto. *Contorni con 1 filo.
NL	Met 2 draadjes splijtgaren over 2 weefseldraden borduren. *Stiksteken met 1 draadje.
HU	A szöveten 2 szál egy keresztöltés, az osztott hímzö 2 ágával hímezzünk. *Kontúrok 1 rétegben.

Design 79442
Bild / Picture
Tableau / Cuadro
Quadro / Beeld / Kép
Ø 15,5 cm / Ø 6 in
No. 17804.15.96
✂ 23 × 23 cm / 9 × 9 in
No. 95218.00.00

Color	No.	Length
	001	1 m
	099	3 m
	101	2 m
	102	2 m
	147	1 m
	148	1 m
	208	3 m
	213	2 m
✳	295	1 m

51

Design 79453
Tischdecke / Tablecloth
Nappe / Mantel
Tovaglia / Dekservet
Asztalterítő
90 × 90 cm / 35 × 35 in
No. 16221.50.21

- **D** 2-fädig sticken.
- **GB** Stitch using 2 strands of embroidery thread.
- **FR** A broder avec 2 brins.
- **ES** Bordar con 2 hilos.
- **IT** Ricamare con 2 fili.
- **NL** Met 2 draadjes splijtgaren borduren.
- **HU** Az osztott hímző 2 ágával hímezzünk.

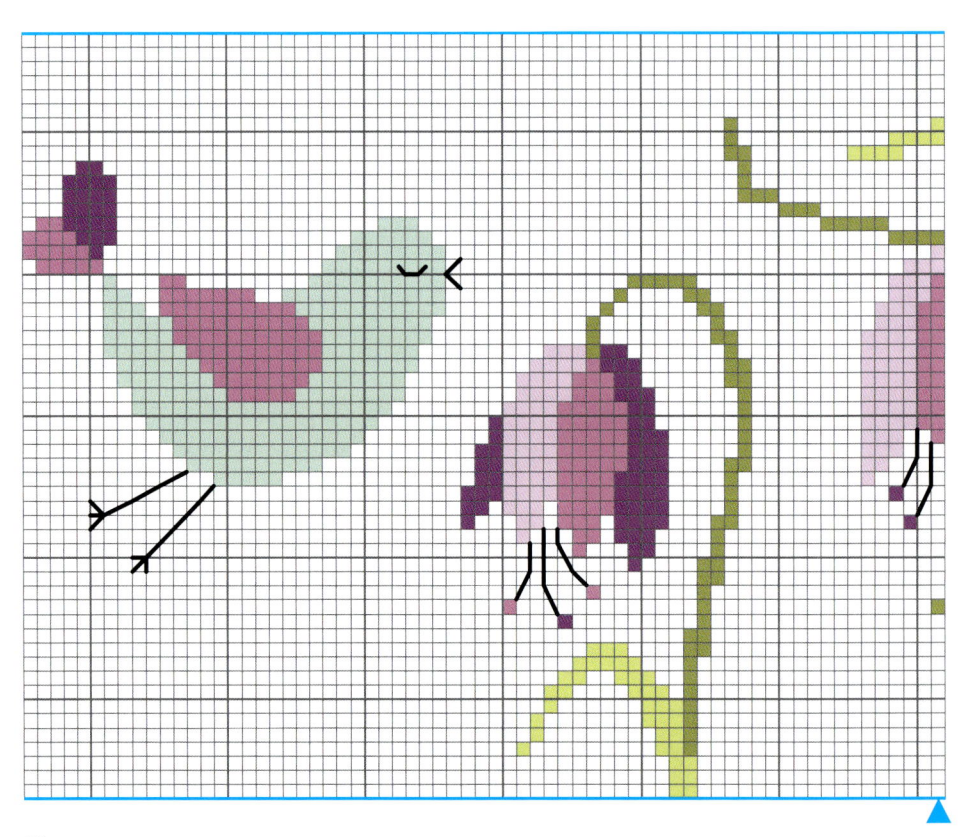

001	1 m
099	9 m
101	7 m
102	5 m
147	5 m
148	2 m
208	7 m
213	5 m
295	2 m

53

Design 79462
Bild / Picture
Tableau / Cuadro
Quadro / Beeld / Kép
Ø 15,5 cm / Ø 6 in
No. 17804.15.96
✂ 23 × 23 cm / 9 × 9 in
No. 95218.00.00

Design 79463
Kissen / Cushion
Coussin / Almohada
Cuscino / Kussen / Párna
25 × 25 cm / 10 × 10 in
No. 17804.15.96
✂ 27 × 30 cm / 11 × 12 in
No. 18023.15.92
✂ 27 × 30 cm / 11 × 12 in

	001	1 m
	148	4 m
	099	4 m
	095	1 m
	210	1 m
	295	1 m
Neon No. 2011		
	949	3 m

D 2-fädig über 2 Gewebefäden sticken. Neon mit ganzem Faden.
GB Stitch over 2 threads, using 2 strands of embroidery thread. Stitch using whole neon thread.
FR A broder sur 2 × 2 fils de trame, avec 2 brins de mouliné. Neon, broder avec fil complet.
ES Bordar con 2 hilos sobre 2 hilos de tela. Neón, bordar con todo el hilo.
IT Ricamare con 2 fili su 2 fili del tessuto. Neon ricamare con filo intero.
NL Met 2 draadjes splijtgaren over 2 weefseldraden borduren. Neon met de hele draad borduren.
HU A szöveten 2 szál egy keresztöltés, az osztott hímző 2 ágával hímezzünk. Neon egész szállal hímezze.

Design 79465
Bild / Picture
Tableau / Cuadro
Quadro / Beeld / Kép
Ø 15,5 cm / Ø 6 in
No. 17804.15.96
✂ 23 × 23 cm / 9 × 9 in
No. 95218.00.00

	001	1 m
	210	1 m
	105	4 m
	106	4 m
	108	3 m
	104	1 m

D 2-fädig über 2 Gewebefäden sticken.
GB Stitch over 2 threads, using 2 strands of embroidery thread.
FR A broder sur 2 × 2 fils de trame, avec 2 brins de mouliné.
ES Bordar con 2 hilos sobre 2 hilos de tela.
IT Ricamare con 2 fili su 2 fili del tessuto.
NL Met 2 draadjes splijtgaren over 2 weefseldraden borduren.
HU A szöveten 2 szál egy keresztöltés, az osztott hímzö 2 ágával hímezzünk.

55

Design 79459
Tischdecke / Tablecloth
Nappe / Mantel
Tovaglia / Dekservet
Asztalterítő
90 × 90 cm / 35 × 35 in
No. 16248.50.21

- **D** 2-fädig sticken.
- **GB** Stitch using 2 strands of embroidery thread.
- **FR** A broder avec 2 brins.
- **ES** Bordar con 2 hilos.
- **IT** Ricamare con 2 fili.
- **NL** Met 2 draadjes splijtgaren borduren.
- **HU** Az osztott hímző 2 ágával hímezzünk.

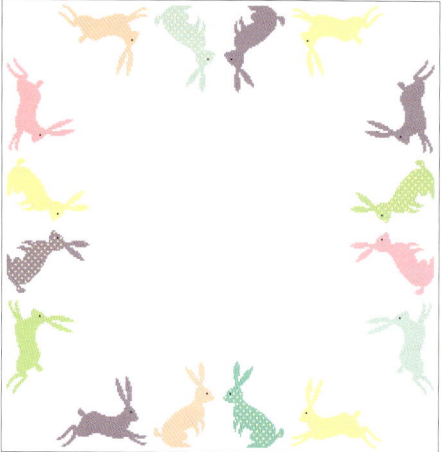

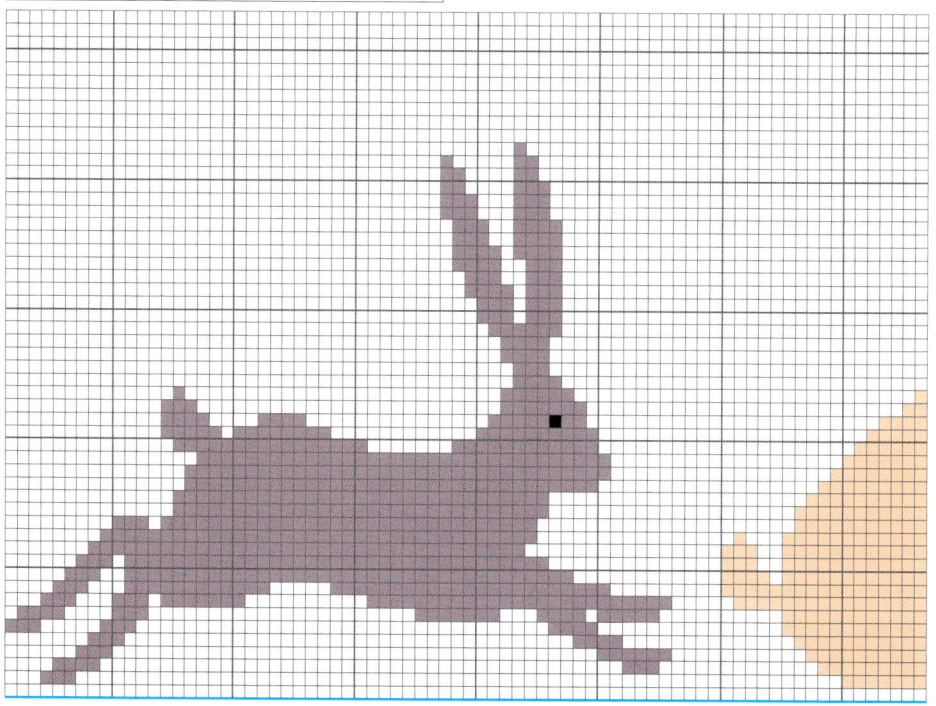

Farbe	Menge
001	3 m
238	11 m
260	7 m
049	7 m
094	16 m
198	7 m
147	7 m
148	4 m
295	1 m

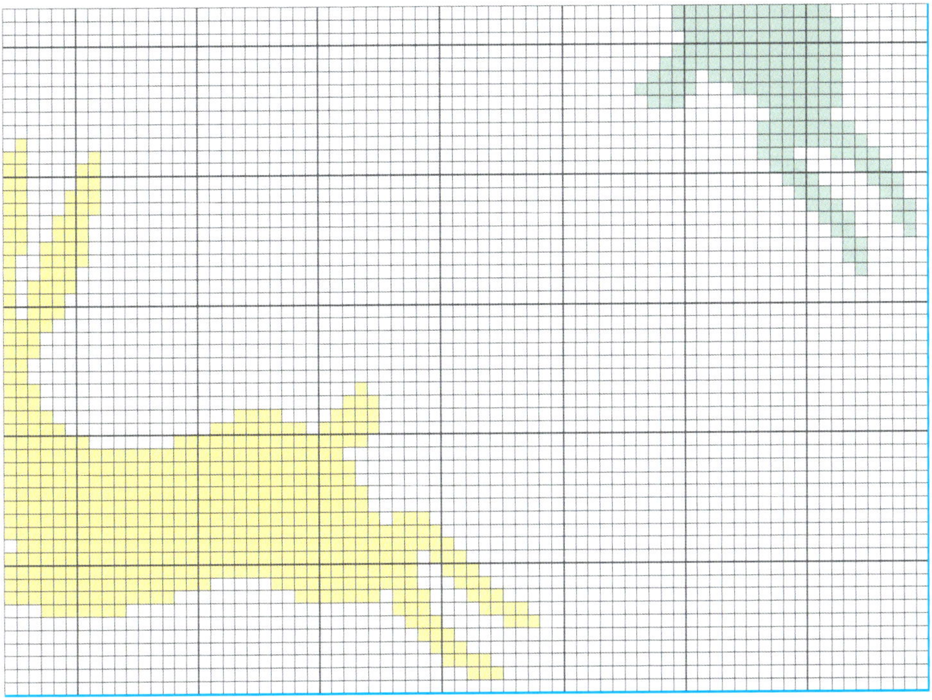

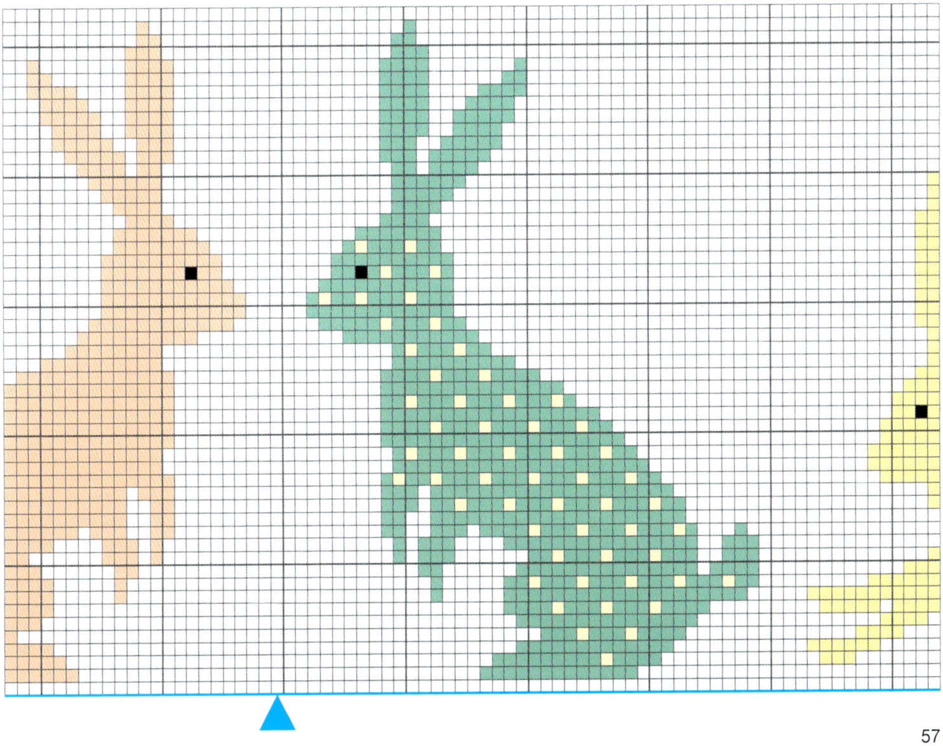

D	2-fädig über 2 Gewebefäden sticken.	
GB	Stitch over 2 threads, using 2 strands of embroidery thread.	
FR	A broder sur 2 × 2 fils de trame, avec 2 brins de mouliné.	
ES	Bordar con 2 hilos sobre 2 hilos de tela.	
IT	Ricamare con 2 fili su 2 fili del tessuto.	
NL	Met 2 draadjes splijtgaren over 2 weefseldraden borduren.	
HU	A szöveten 2 szál egy keresztöltés, az osztott hímzö 2 ágával hímezzünk.	

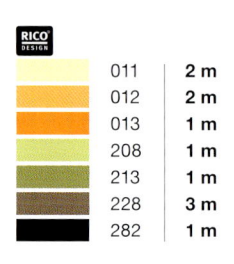

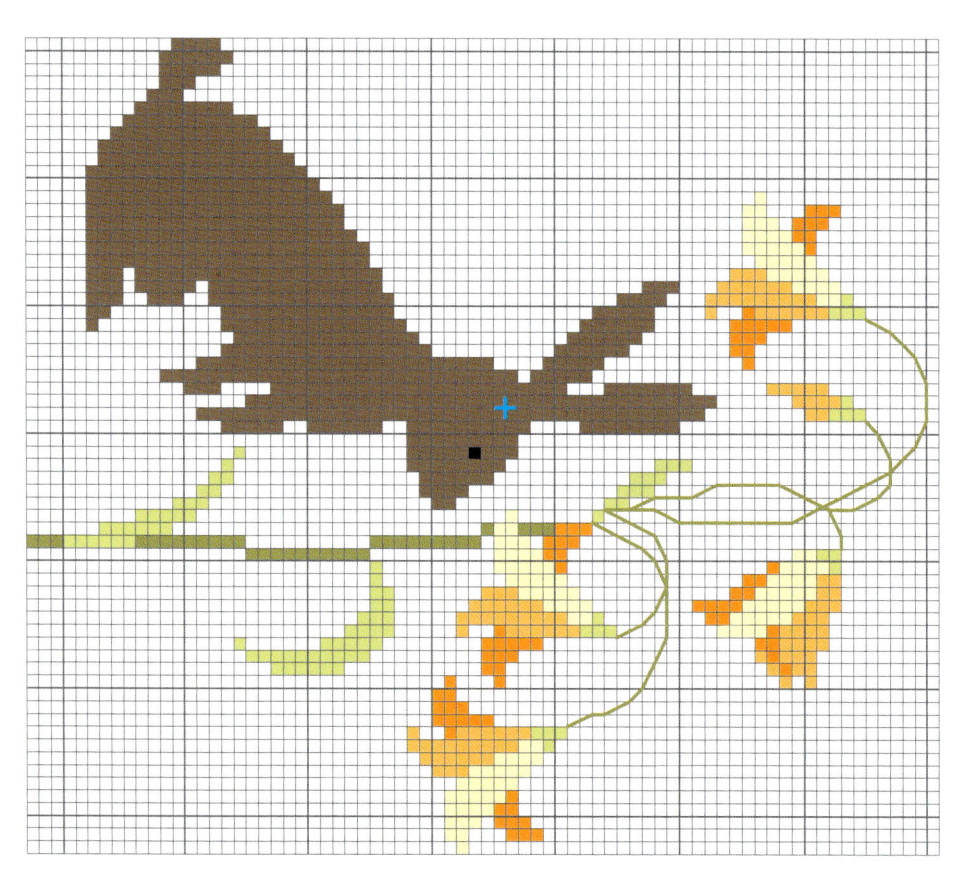

	011	2 m
	012	2 m
	013	1 m
	208	1 m
	213	1 m
	228	3 m
	282	1 m

Design 79464
Bild / Picture
Tableau / Cuadro
Quadro / Beeld / Kép
Ø 15,5 cm / Ø 6 in
No. 17804.15.96
✂ 23 × 23 cm / 9 × 9 in
No. 95218.00.00

D / Bitte beachten Sie, daß die abgebildeten Farben lediglich Richtwerte sind. Geringe Farbabweichungen im Druck können technisch bedingt nicht immer ausgeschlossen werden. Aus drucktechnischen Gründen ist eine 100%ige Reproduktion der Originalfarben nicht möglich. Alle Firmen- und Produktnamen sind Warenzeichen der entsprechenden Firmen und dienen lediglich der Zuordnung der Kompatibilitäten.

GB / Please note: This printed color card is a guide only, and accuracy of thread color is as close as printing and photography allows. For printing reasons a 100% reproduction of the original colours is not possible. All brands and product names are the trademarks of the company and serve the purpose of classification and compatibility.

FR / Veuillez noter que les couleurs illustrées ne sont que des élements d'évaluation. Pour des raisons techniques, il n'est pas toujours possible, lors de l'impression des couleurs, d'exclure de légères différences de nuances. Pour des raisons d'impression technique il n'est pas possible de réproduire les couleurs originales à 100%. Tous les noms d'entreprises et de produit sont des marques déposées des entreprises correspondantes et servent uniquement à l'attribution des compatibilités.

ES / Tenga en cuenta que los colores mostrados sólo son indicativos. Pequeñas variaciones de color en la impresión no siempre se pueden prevenir por razones técnicas. Por razones técnicas de impresión no es posible una reproducción al 100% de los colores originales. Todos los nombres de compañías y productos son marcas comerciales de sus respectivas compañías y sólo sirven para la asignación de compatibilidades.

IT / Attenzione, i colori rappresentati sono puramente indicativi. Piccole differenze di colore sono possibili e sono dovute a motivi tecnici legati alla stampa. Per motivi tecnici legati alla stampa non è possibile una riproduzione dei colori che rispetti al 100% l'originale. Tutti i nomi delle aziende e dei prodotti sono marchi registrati delle rispettive aziende e servono esclusivamente ad individuare le compatibilità.

NL / Denk er alstublieft aan, dat de afgebeelde kleuren slechts richtwaarden zijn. Geringe kleurafwijkingen in de druk kunnen op basis van de techniek helaas niet altijd worden uitgesloten. Vanwege druktechnische redenen is een reproductie van de originele kleuren niet voor de volle 100% mogelijk. Alle bedrijfs- en productnamen zijn handelsmerken van de desbetreffende firma's en zijn uitsluitend bedoeld voor het classificeren van de compatibiliteiten.

HU / Kérjük, vegye figyelembe, hogy az itt bemutatott színek csak irányadóak. A nyomtatásban megjelent csekély mértékű színeltérések technikai okok miatt nem mindig zárhatóak ki. Nyomdatechnikai okok miatt az eredeti színek 100 százalékos reprodukciója nem lehetséges. Az összes cég- és terméknév a megfelelő cég védjegye és csakis a kompatibilitások hozzárendeléséhez szolgál.

METALLIC

RICO DESIGN No. 2011 No. 20	Anchor	DMC
921	300	E 677
922	301	E 168

45% Polyamid/Polyamide/Polyamide Poliamida/Poliammide/Polyamide Poliamid.
55% metallisiertes Polyester/Metallised Polyester/Polyester métallic/Poliéster metalizado/Poliestere metallizzato Gemetalliseerd polyester/Fémmel bevont poliészter.

RICO DESIGN No. 2011 No. 40	Anchor	DMC
941	300	E 3821
942	301	E 168
943	314	E 301

70% Polyamid/Polyamide/Polyamide/Poliamida/Poliammide/Polyamide/Poliamid.
30% metallisiertes Polyester/Metallised Polyester/Polyester métallic Poliéster metalizado/Poliestere metallizzato/Gemetalliseerd polyester/Fémmel bevont poliészter.

RICO DESIGN No. 2011 No. 04		
944		
945		
946		

60% Viskose/Viscose/Viscose/Viscosa/Viscosa/Viscose/Viszkóz.
40% Polyamid/Polyamide/Polyamide/Poliamida/Poliammide/Polyamide/Poliamid.

RICO DESIGN No. 2011 NEON		
948		
949		
950		
951		

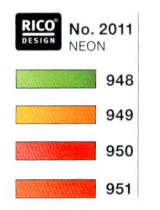

100% Polyester/Polyester/Polyester/Poliéster/Poliestere/Polyester Poliészter.

59

FARBKARTE/COLOR CARD/CARTE DE COLORIS/CARTA DE COLORES/CAMPIONARIO DEI COLORI/KLEURKAART/SZÍNKÁRTYA

RICO No. 2011	Anchor	DMC	RICO No. 2011	Anchor	DMC	RICO No. 2011	Anchor	DMC	RICO No. 2011	Anchor	DMC
001	1	B5200	039	46	666	077	62	602	115	122	3807
002	2	Blanc	040	47	321	078	63	600	116	123	791
003	926	3865	041	20	816	079	65	150	117	130	809
004	292	3078	042	22	814	080	85	3609	118	131	798
005	293	727	043	893	225	081	86	3608	119	132	797
006	295	726	044	894	152	082	87	3607	120	134	820
007	297	725	045	895	223	083	89	718	121	128	800
008	298	972	046	896	3721	084	271	819	122	145	813
009	386	746	047	897	902	085	968	778	123	148	826
010	300	3823	048	1020	3713	086	969	316	124	149	311
011	301	745	049	1021	761	087	970	3726	125	150	939
012	302	743	050	1022	760	088	972	315	126	1031	3753
013	303	742	051	1023	3712	089	1016	778	127	1033	3752
014	311	3855	052	1024	3328	090	1017	3727	128	1034	931
015	313	3854	053	1025	347	091	1018	3726	129	1035	3750
016	314	741	054	23	963	092	1019	315	130	920	932
017	316	740	055	25	3326	093	869	3743	131	921	930
018	305	3822	056	27	899	094	870	3042	132	274 / 1037	3756
019	306	728	057	29	335	095	871	3041	133	848	928
020	307	783	058	1005	498	096	872	3740	134	849	927
021	309	782	059	36	3716	097	873		135	850	926
022	310	780	060	38	961	098	103	153	136	779	3768
023	323	722	061	42	3831	099	95	153	137	851	924
024	324	721	062	43	777	100	96		138	975	3756
025	326	720	063	45	902	101	97	554	139	976	3841
026	328	3341	064	48	818	102	99	553	140	977	3755
027	330	3340	065	73	151	103	101	552	141	978	3760
028	333	608	066	74	3354	104	102	550	142	979	517
029	335	606	067	75	3733	105	342	211	143	159	775
030		349	068	76	3350	106	108	210	144	160	3325
031		817	069	78	150	107	109	209	145	161	334
032	8	353	070	1028	3685	108	110	208	146	162	3842
033	9	352	071	66	3688	109	112	327	147	158	747
034	10	351	072	68	3687	110	117	341	148	167	598
035	13	304	073	69	3803	111	118	340	149	168	3810
036	31	3708	074	70	154	112	119	333	150	169	3765
037	33	3706	075	72	154	113	120	157	151	170	
038	35	3801	076	60	604	114	121	794	152	1060	747

RICO No. 2011	Anchor	DMC	RICO No. 2011	Anchor	DMC	RICO No. 2011	Anchor	DMC	RICO No. 2011	Anchor	DMC
153	1062	3766	191	261	3347	229	1086	839	267	1047	3854
154	1064	807	192	262	3363	230	372	739	268	1048	3853
155	1066	3809	193	263	520	231	373	437	269	351	400
156	1068	3808	194	1043	369	232	374	435	270	347	945
157	1090	996	195	240	368	233	375	434	271	349	3776
158	433	3843	196	243	367	234	944	433	272	357	300
159	410	995	197	246	890	235	891	676	273	387	Ecru
160	185	964	198	264	772	236	890	729	274	366	739
161	187	959	199	265		237	901	3829	275	367	738
162	188	3812	200	266	471	238	361	712	276	368	437
163	189	3847	201	267	470	239	362	738	277	369	436
164	203	954	202	268	3346	240	1045	437	278	370	434
165	205	911	203	269	895	241	1046	436	279	371	433
166	206	955	204	254	166	242	1002	976	280	358	801
167	208	563	205	255	581	243	1001	3826	281	360	938
168	210	562	206	256	905	244	1003	922	282	381	3371
169	211	3818	207	258	904	245	1004	920	283	390	3033
170	875	3813	208	278	165	246	778	948	284	392	3782
171	876	502	209	279	3819	247	4146	3771	285	393	3790
172	878	501	210	280	733	248	1008	3859	286	231	453
173	213		211	281	732	249	1007	3772	287	232	452
174	214	3813	212	842	3013	250	936	632	288	233	451
175	215	503	213	843	3012	251	276	3774	289	234	762
176	216	502	214	845	3011	252	933	950	290	235	415
177	217	501	215	846	936	253	376	407	291	397	3024
178	218	500	216	852	613	254	378	3772	292	398	318
179	226	703	217	853		255	336	3825	293	399	414
180	227	702	218	854		256	338	922	294	400	317
181	229	700	219	855	612	257	339	920	295	401	3799
182	900	647	220	856	611	258	341	918	296	403	310
183	8581	646	221	945	834	259	1010	3770			
184	858	524	222	886	677	260	1011	948			
185	859	3053	223	887	3046	261	1012	754			
186	860	3052	224	888	3045	262	868	3779			
187	861	3051	225	889	869	263	9575				
188	862	935	226	1080	543	264	1013	3778			
189	259	772	227	1082	842	265	5975	3830			
190	260	3348	228	1084	841	266	1014	3777			

No. 2011.001 - 296
2 g / 8 m / 9 yd
100% Baumwolle / Cotton
Coton / Algodón / Cotone
Katoen / Pamut
210 dtex x 2 x 6

CONFIDENCE IN TEXTILES
Tested for harmful substances
according to Oeko-Tex® Standard 100
95.0.4919   Hohenstein

Materialangabe

Materials/Liste des matériaux/Indicaciones relativas a los materialesi/Materiali/Materiaalijst/Szükséges anyagok

	No. 16221.50.21	90 × 90 cm / 35 × 35 in	
	Tischdecke	50 Stiche per 10 cm	
	Tablecloth	14 count	
	Nappe	50 points 10 cm	
	Mantel	50 puntos 10 cm	
	Coperta	50 punti 10 cm	
	Deken	50 steken 10 cm	
	Takaró	50 öltés 10 cm	
	No. 16248.50.21	No. 16248.50.18	
	90 × 90 cm / 35 × 35 in	29 × 155 cm / 11 × 61 in	
	Tischdecke	Tischband	50 Stiche per 10 cm
	Tablecloth	Table band	14 count
	Nappe	Ruban de table	50 points 10 cm
	Mantel	Cinta de mesa	50 puntos 10 cm
	Coperta	Nastro di tavolo	50 punti 10 cm
	Deken	Tafelband	50 steken 10 cm
	Takaró	Hosszú napron	50 öltés 10 cm

50% Baumwolle / Cotton / Coton / Algodón / Cotone / Katoen / Pamut
50% Polyester / Polyester / Polyester / Poliéster / Poliestere / Polyester / Poliészter

	No. 18010.15.92	160 cm / 63 in	5 m / 5,5 yd
	Druckstoff	Ballenbreite	Ballenlänge
	Fabric printed	Bale width	Bale length
	Tissu imprimé	Largeur de la balle	Longueur de la balle
	Tela estampada	Ancho del rollo	Largo del rollo
	Stoffa stampata	Larghezza delle balle	Lunghezza delle balle
	Drukstof	Breedte van de bal	Lengte van de bal
	Nyomott anyag	Bálaszélesség	Bálahossz
	No. 18015.15.92	160 cm / 63 in	5 m / 5,5 yd
	Druckstoff	Ballenbreite	Ballenlänge
	Fabric printed	Bale width	Bale length
	Tissu imprimé	Largeur de la balle	Longueur de la balle
	Tela estampada	Ancho del rollo	Largo del rollo
	Stoffa stampata	Larghezza delle balle	Lunghezza delle balle
	Drukstof	Breedte van de bal	Lengte van de bal
	Nyomott anyag	Bálaszélesség	Bálahossz

100% Baumwolle / Cotton / Coton / Algodón / Cotone / Katoen / Pamut

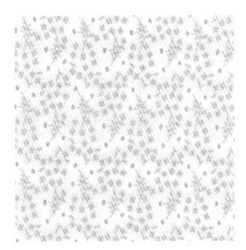

No. 18023.15.92
Druckstoff
Fabric printed
Tissu imprimé
Tela estampada
Stoffa stampata
Drukstof
Nyomott anyag

160 cm / 63 in
Ballenbreite
Bale width
Largeur de la balle
Ancho del rollo
Larghezza delle balle
Breedte van de bal
Bálaszélesség

5 m / 5,5 yd
Ballenlänge
Bale length
Longueur de la balle
Largo del rollo
Lunghezza delle balle
Lengte van de bal
Bálahossz

[30] ⚠ ⊠ ⌁ Ⓟ   100% Baumwolle / Cotton / Coton / Algodón / Cotone / Katoen / Pamut

No. 16176.59.41
Deckchen mit Spitze
Cloth with lace
Napperon en dentelle
Mantel con encaje
Tovaglie con pizzo
Kleedje met kant
Csipkés terítő

Ø 30 cm / Ø 12 in
10 fädig
25 count
10 fils
10 hilos
10 fili
10 draadjes
10 hímző

[40] ⚠ ⊠ ⌁ Ⓕ   100% Leinen / Linen / Lin / Lino / Lino / Linnen / Len

No. 17804.15.96
Zählstoff 11 fädig
Even-weave fabric 28 count
Toile à broder 11 fils
Panamá 11 hilos
Tessuto da ricamo 11 fili
Telstof 11 draadjes
Hímzővászon 11 hímző

140 cm / 55 in
Ballenbreite
Bale width
Largeur de la balle
Ancho del rollo
Larghezza delle balle
Breedte van de bal
Bálaszélesség

5 m / 5,5 yd
Ballenlänge
Bale length
Longueur de la balle
Largo del rollo
Lunghezza delle balle
Lengte van de bal
Bálahossz

No. 17582.10.00
Leinenband
Linen band
Bande en lin
Cinta de lino
Rilegatura in tela
Linnen band
Vászon szalag

10 cm × 5 m / 4 in × 5,5 yd
11 fädig
28 count
11 fils
11 hilos
11 fili
11 draadjes
11 hímző

[30] ⚠ ⊠ ⌁ Ⓟ   100% Leinen / Linen / Lin / Lino / Lino / Linnen / Len

63

No. 95218.00.00
Ø 15,5 cm / Ø 6 in

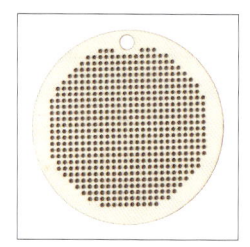

No. 03531.00.00
Ø 7 cm / Ø 3 in

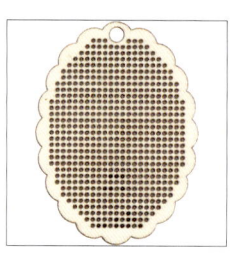

No. 03532.00.00
6 × 8 cm / 2 × 3 in

No. 90013.25.25
25 × 25 cm / 10 × 10 in

No. 03485.00.01
Ø 4 cm / Ø 1,6 in

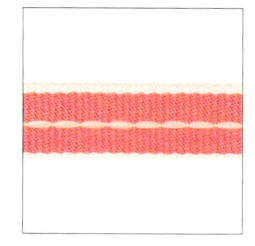

No. 7004.50.23
1 cm × 2 m / 0,4 in × 79 in
100 % Polyester / Polyester
Polyester / Poliéster / Poliestere
Polyester / Poliészter

Komplette Stickpackung

Cross-stitch set / Kit point de croix / Set de punto de cruz / Confezione di punto croce / Kruissteek-pakket
Keresztszemes-öltés-csomag

No. 79454.52.21